中华中医昆仑

陆南山学术评传

张镜源◎主编

中国盲文出版社

图书在版编目（CIP）数据

陆南山学术评传（大字版）/ 张镜源主编. —北京：中国盲文出版社，2015.12
（中华中医昆仑）
ISBN 978-7-5002-6788-1

Ⅰ. ①陆… Ⅱ. ①张… Ⅲ. ①陆南山（1904～1988）—评传 Ⅳ. ①K826.2

中国版本图书馆 CIP 数据核字（2015）第 316546 号

陆南山学术评传

主　　编：张镜源
责任编辑：顾　盛
出版发行：中国盲文出版社
社　　址：北京市西城区太平街甲 6 号
邮政编码：100050
印　　刷：北京华联印刷有限公司
经　　销：新华书店
开　　本：700×1000　1/16
字　　数：42 千字
印　　张：6.75
版　　次：2015 年 12 月第 1 版　2016 年 3 月第 2 次印刷
书　　号：ISBN 978-7-5002-6788-1/K·423
定　　价：12.00 元
销售服务热线：（010）83190297　83190289　83190292

丛书编委会

前言

中医药是中华民族的伟大创造，是世界医学宝库中的夺目瑰宝，数千年来为中华民族的繁衍昌盛作出了巨大的不可磨灭的贡献，至今仍是中国医药卫生事业不可分割的重要组成部分，在维护民族体魄康健、促进经济社会发展中发挥着不可替代的作用。

中医药学，是中华传统文化和科技文明的结晶，是勤劳聪慧的中华儿女在几千年生产生活实践中，在与疾病作斗争的过程中，创造的独具特色的医学科学体系。它有着浓郁的民族特色、深厚的文化底蕴和丰富的哲学内涵。经过一代又一代中医药传人、一辈又一辈名医大家的实践探索、薪火传承、总结完善、创新发展，逐步形成了系统的理论体系、独特的诊疗方法、丰富的医学内容、实用的制药技术。具有疗效确切、用药安全、应诊灵活、普适简廉和预防保健作用显著的巨大优势，在世界医学之林独树一帜，为人类的文明进步与医疗保健事业，已经并正在作出积极的贡献。

为了弘扬中华民族传统文化，彰显中医药学家的丰功伟绩，当代中医药发展研究中心与中国文学艺术界联合会、国家中医药管理局新闻办公室、中华中医药学会、中国中医科学院、北京中医药大学、世界中医药学会联合会等精诚合作，在国家中医药管理局的支持和指导下，为中华近现代百年来贡献卓著、深受敬仰的150位中医药学家，编撰出版了这部大型传记丛书。丛书采用评传体裁，记载他们的生平事迹、医术专长、学术思想、传承教育、医风医德、养生之道和突出贡献，使这些宝贵的医学成就和精神财富发扬光大，千古流芳。

丛书取名《中华中医昆仑》。昆仑山，被尊为“万山之祖”，柱西北而瞰东南，立中国而凭世界，凌驾乾坤，巍然屹立。以其高峻豪迈、绵延起伏的磅礴气势，寓意中华中医药学历史悠久、博大精深和永不衰竭；以其挺拔雄伟、高耸入云的恢弘气魄，彪炳一代中医药学家的丰功伟绩、杰出贡献和不朽勋业。

丛书入选传主，从全国范围推荐遴选，遍及中医药界各个领域。有临床家、理论家、药学家、教育家、医史文献学家；有名师亲授、世医家教、学派传人、院校毕业和自学成才者；有师徒并驾、父子齐名和伉俪联袂者。他们学术造诣深厚、诊疗技术精湛、临床经验丰富、学科地位崇高、科研成果丰硕、医风医德高尚、国内外影响较大，从医学理论到临床实践，为中医药事业的传承和发展作出了突出贡献，是近现代百年来中华中医药界的杰出代表。

丛书的出版，对于弘扬中华文化，振兴中医药事业，造就中医药人才，普及中医药知识，具有重要的现实意义和深远的历史意义。这是一项开创性工作，填补了我国为著名中医药学家大规模撰写传记的空白；也是一项抢救性工作，因入选传主已仙逝过半，许多亲历、亲见、亲闻的史料日见散逸，将之收集整理、编撰成书，功垂后世、利国利民；更是一项承前启后的工作，总结传主经验，传承中医药伟业，继往开来，光耀世界医学之林。这部医文结合，富蕴历史性、学术性、文学性和实用性的鸿篇巨制，对医疗、卫生、科研、教育及全球关注中华中医药文化的各界人士，都有重要的参考和阅读价值。

丛书的编撰出版，是一项巨大的中医药文

化建设工程，在策划、撰写、编辑、出版过程中，自始至终得到了国家有关领导、政府部门及社会各界人士的关心和支持。国家中医药管理局高度重视，并组织专家对全书进行终审；数百名专家、学者亲临指导，参与规划；有关省、市、自治区卫生厅、局、中医局（处）给予大力帮助；传主及其亲属、弟子热情支持、密切配合；撰稿人深情满怀、辛勤笔耕；编审专家尽心竭力、精工细琢；关爱中医药事业的企业家热心公益、慷慨资助；全体工作人员不辞辛劳、无私奉献，这一切使丛书得以顺利出版。对此，我们深表谢意。

由于时间紧迫和资料搜集困难，加之水平有限，难免有疏误之处，敬请广大读者批评指正。

中华中医药学，历史悠久，源远流长，发端于远古，奔向于未来。百年对于历史，不过是短暂的瞬间；百人对于万众，不过是沧海一粟。然本丛书所记载的百年百人，则无疑是波澜壮阔的中医药发展史上辉煌的篇章和光芒闪烁的璀璨星辰。

张镜源

目录

老吾老，以及人之老；幼吾幼，以及人之幼。不能解除病人痛苦，焉能为医？

——陆南山

陆南山（1904—1988），著名中医临床家、教育家，我国中医眼科领域里探索中医现代化、中西医结合的先驱。祖籍浙江省宁波市鄞县，四代从医。1926年秉承父光亮公之传，悬壶于上海虹口，抗日战争时期因住处毁于战乱，迁居于上海南京路行医，以擅治眼疾而闻名江南。1954年起在上海第二医学院（现上海交通大学医学院）参加医疗、教学工作。曾任大学教授、主任医师、教研组主任、学术委员会委员，上海仁济医院中医眼科主任，中华医学会理事，中国中医眼科学会名誉主任委员等职。陆南山在60多年的行医和教学实践中，潜心研究中国古代眼科理论“五轮学说”，结合多年临诊经验，所提出的“肝肾立论”、“脾胃论治”、“健脾利湿”新学说，独具见解。陆南山提倡古为今用，洋为中用，擅长中西医眼科，率先将中西医结合方法应用于眼科临床。他使用眼科仪器检查眼底病变，并进行生化检验，充实了中医诊断手段，促使中医眼科理论和现代医学相结合。他不计个人名利得失，勤勤恳恳为广大病人与师生服务，深入钻研了角膜炎、葡萄膜炎、慢性单纯性青光眼、眼底出血症、视网膜炎、视神经萎缩、眼肌麻痹等疑难杂症的诊治，并取得突破性进展。他发表有《中医治疗中心性视网膜脉络膜炎》、《中心性视网膜炎辨病和辨证的结合》等论文20余篇。著有《眼科临证录》，主编《实用中医眼科学》等，学术思想甚受眼科界的重视。他积极从事医学教学，认真带教学生，不少学生与后人成为中医眼科与中西医眼科界的后起之秀和国家栋梁。陆南山对中医眼科学的继承和发扬所作的贡献是不可磨灭的，他的高尚人品与医德已成为后人学习的楷模。

光明使者　学术先驱

陆南山，1904年出生于浙江宁波市鄞县一医学世家之中，自幼天资聪颖，勤奋好学，苦读医书，17岁在宁波随父陆光亮侍诊，得传家学。1926年起到上海开业行医，初设诊所于上海虹口。抗日战争开始后，迁南京路哈同大楼，再迁南京路鸿仁里230弄5号应诊，并以擅治眼疾闻名沪上。陆南山深知“医乃仁术”，遇有危重患者，常留家住宿，随时观察；家中容留不下，则留下病家住址，亲往访诊。对贫苦病人，非但不收诊金，还馈赠药物、膳食。

1954年起受上海第二医学院聘请任教授、主任医师，参加医疗及教学工作。曾任上海第二医科大学学术委员会委员、医疗系二部中医教研组主任，上海仁济医院中医眼科主任。陆南山行医 60 余年，经他治愈者不可胜计，有使“瞽者生明”之誉。

陆南山一生热爱社会主义，热爱党，热爱中医眼科事业。他的临床经验极为丰富，学术上多有建树，每日除了繁忙的医疗工作外，还非常关心中医眼科的学术发展，担任了较多的学术职务。早在中华人民共和国成立初期，他就担任了上海市眼科学术工程负责人。1955 年响应党的号召，以一半时间参加医院工作。

1956 年 7 月陆南山应邀赴京参加第一届中华医学会全国代表大会，并被推选为大会主席团成员和理事会理事。7 月 27 日是陆南山一生中难以忘记的一天，当天下午他在北京中南海光荣地受到了周恩来总理的亲切接见，与周恩来总理进行了亲密交谈，并在一起合影留念。回沪后，他把这次接见化为工作的巨大动力，更好地开展了眼科医疗、教学和科研工作。

20 世纪 50 年代至 80 年代，陆南山将自己几十年从事中医工作的宝贵经验，先后写成学术论文，在全国和一些地方杂志上发表，在眼科界获得了很高的声誉和影响。

由于陆南山对医学事业的卓越贡献，获得了国家与上海市授予的许多荣誉。1978 年他被光荣地评为上海市先进科技工作者。同年，他在北京举行的中华医学会常务理事扩大会议上再次当选为中华医学会理事。1979 年 5 月出席全国中医学术会议时，当选为中华全国中医学会理事。此外，陆南山还担任中华中医学会中医眼科学会名誉主任委员、中华医学会上海分会第四届理事会名誉顾问、上海市中医学会常务理事及中医眼科学术组组长、上海市中医药研究院专家委员会名誉委员、《上海中医药杂志》常务编委、《上海第二医学院学报》编委等职。作为黄浦区政协委员，他也积极地参与了上海市的医政改革。

作为中医眼科学术先驱，陆南山通过言传身教，努力把自己的临床经验与学术传授给青年一代。年近八旬之时，他仍不畏严冬酷暑，每天孜孜不倦地伏案书写，辛勤笔耕，先后撰写了《眼科临证录》和《中国医学百科全书·中医眼科学》部分内容。《眼科临证录》于1978年出版。该书收载眼科病症14种，病案80例，以现代医学病名分类，标明中医辨证举要，每例均有检查、诊断、辨证、治疗和说明等内容。此书采用现代医学辨病和中医辨证相结合的体例，读者阅读后易于掌握中医眼科辨证论治的规律及现代医学诊断方法。陆南山为后人留下了一笔宝贵的财富。

医德高尚　无私奉献

陆南山擅长中医眼科，每诊眼病，既着重观察局部，又善于顾及全身，时而针药并施，时而不用药而施以针灸，故其治愈率较高，重见光明者亦比比皆是。他自奉勤俭，对穷苦患者极为同情，求治者大多数为平民百姓，热情为病人服务的崇高医德被病家广为传颂。

陆南山素有济贫扶危之心。昔日他住在天津路 51 弄 5 号石库门时（里弄的另一出口即南京路 230 弄），常有盲人乞丐在门前乞讨，他细心观察，认为目疾可以治疗者，即代为诊治。为使乞丐安心治病，治疗期间尚赠送钱或食物，直至其复明为止。曾有 3 人双目复明而从此不复行乞。

抗日战争时期，上海租界内名义上有难民收容所，实际上难民生活依然甚苦，故收容所每天都有因营养不良而患角膜软化症者前来就医，且日皆数起。陆南山每见此情况，非但不收诊金，还赠送药物，如鸡肝散、羊肝丸、鱼肝油等。有时因患者赤贫如洗，病情严重，便赠以牛奶等营养物品，有时牛奶往往连送数周。陆南山自述："小儿疳眼，重者丧命，轻者损目。医者，仁术也，见此不可不救，故有此举。"

在他年轻时，如遇危重病人，常将其留宿在家，以便随时观察，一日三次亲自为其点药。虽在深夜亦常至病人病榻旁，询问有无疼痛及不适。如有，即想方设法用针灸或药物为其解除病痛。若家中容留不下，则留下病家住址，亲往访诊。在现在看来，病人患病自然有医院可住，但在新中国成立前，一个中医诊所内竟如此热情地将病人留宿尚属少见，故深为病家所感激。

抗战胜利后，由于维生素 A 缺乏，患角膜软化症的病人很多，陆南山经常买药送给经济拮据的患者。南宁一位难民逃难住在城隍庙内，他为其订了 1 个月的牛奶补充营养。

陆南山力主对一些急性外伤眼病如角膜溃疡、前房出血等要“晓夜医治”。1958 年，一位农民因稻谷外伤而患角膜溃疡，他为其配制了药水并留宿于家中，还每小时为患者点一次眼药直至康复。病人感叹地说：“如神仙一样，瞎子都被其点亮了！”

20 世纪 60 年代初期，陆南山被选为黄浦区政协委员。按他的资历，挂号费可以是 1 元 2 角，但当时正值国家遭受自然灾害，他不愿增添病人的负担，主动把挂号费减到 6 角钱，对贫穷者还要返回挂号费。改革开放后，他出专家门诊也从不增加诊金，仍坚持让病人按普通门诊挂号。

陆南山诊病时，忧病人之忧，深知“医乃仁术”。他总是平易近人，每天上午诊病 60～80 人，对病人不论职位高低、城乡贵贱，都一样认真负责。他几十年坚持给贫困病人义诊，对于弄堂里的邻居也不要钱。

早年在诊疗时每当他遇到危重病人，必让其留下详细地址，在必要时他往往会主动登门探询。若探得病已好转，始得安心。故有病人送他牌匾“神而明之”。

陆南山对临床工作一贯具有高度责任感，他认为这是自己做医生必须遵守的准则。有此准则，始能为医。他的小女儿陆珊珠刚从医学院毕业时问父亲：“做一个好医生的诀窍是什么?”他不假思索地说：“‘老吾老以及人之老，幼吾幼以及人之幼。’如果你能记住这两句话，你就能在工作中处处为病人着想了。”

学无止境　永攀高峰

陆南山在60余年的医学生涯中，急病人之所急，苦病人之所苦，为了解除病人痛苦而勤奋钻研医术。他非常重视总结临床实践经验，注重观察研究眼病的演变过程。例如他在中青年时期，对每一个疑难病例，用内服药和外用药后，都逐日记录患者的病情变化，记载患者的主观症状和疾病治疗经验。

陆南山家中藏书颇多，晚间读书常至深夜。读古医籍时，他勤加批注。为了追溯眼科发展过程，他从甲骨文着手，依次阅读了《山海经》、《内经》、《说文解字》、《诸病源候论》、《千金翼方》、《龙木论》，金元时期刘、张、李、朱四大医家的著作，以及明清时期的眼科专著及《本草纲目》等。

为了找到更多与眼科有关的资料，他还从非医学类著作中采集资料，如从《荀子·正名篇》中找到了精神因素对眼健康影响的有关记载；《管子·水地》云，“脾发于鼻，肝发于目”，指出了眼与全身整体的关系等。

唐代《千金翼方》有关眼科方面的记载，经过陆南山的发掘整理，总结出营养疗法、物理疗法和针灸疗法以及预防眼病的一些措施。这些疗法经过他的分析和实践，认为均是行之有效的，从现代观点看亦是科学的。唐代的《龙木论》，经他整理研究后认为，书中有很多内容并不落后于现代医学。这些资料阐明了中医学的科学性，对年轻一代医务工作者有很大的启发。

陆南山认为，中医眼科能治目疾、救盲瞽，但仍需深入研究其所以能取得疗效的医理、药性、针法，以及客观机理与内在原因等。

陆南山提出：眼部疾病之外障类，除内服药以外，应该同时结合外用药治疗。中医眼药粉剂被称为“干眼药”，以蜂蜜调剂者，称为“水眼药”。“眼药”两字即为中医眼科之专有名词。眼药之优劣，对于疗效起着决定性的作用。因此，他配制眼药时对于取材配料要求极为严格，加工炮制必须合乎规范。历年来，眼药的配制加工均由他亲自操作，因此积累了很多经验。例如，冰片在研磨时，易粘于钵底。若冰片一经加入炉甘石或其他药物内，必须小心研磨，不能用力过猛，若手中有颗粒状感觉，即需设法铲除（此种颗粒感觉非研磨老手不易感觉）。否则，一经粘在钵底，则此眼药中冰片含量势必减少。又如麝香，既要求研至极细，又要迅速完工，以免有效成分挥发。故在磨药时，往往要一气呵成。因此，他经常操作至深夜。这种对工作极端负责的精神，实为后学之楷模。

陆南山在临诊中常针灸与中药并用。遇到急性病时，如细菌性角膜溃疡、病毒性角膜炎、急性虹膜睫状体炎等，患者常畏光流泪，眼睑痉挛。正似“脾胀头疼泪似汤，目中砂涩病难当”而不能睁眼，医生检查十分困难。他常针刺太阳或风池，或二穴并用，针刺手法较强，不留针。起针后患者大都顿觉眼睛轻快，疼痛、畏光、流泪好转，便于医生检查。对于某些视神经萎缩、视网膜炎、脉络膜炎、黄斑变性、动眼神经麻痹、外展神经麻痹、提上睑肌麻痹、面神经麻痹等眼部疾患，也常针药并用，而取得很好的疗效。常用穴位有偏历、曲池、迎香、承泣、四白、巨髎、足三里、三阴交、养老、颧髎、睛明、攒竹、玉枕、天柱、肝俞、胆俞、肾俞、翳风、瞳子髎、丝竹空、阳白、目窗、风池、足光明等。

陆南山在治疗眼科疑难病方面积累了丰富的临床经验，如对葡萄膜炎、病毒性角膜炎、中心性浆液性脉络膜视网膜病变、视神经萎缩、慢性单纯原发性开角性青光眼、眼底出血症、视网膜炎、眼肌麻痹等眼病的诊治都有深入钻研，并取得了突破性进展。发表了《中医治疗中心性视网膜脉络膜炎》、《中心性视网膜炎辨病和辨证的结合》等论文20余篇。他编著的《眼科临证录》等专著甚为眼科界重视。他还担任《中国医学百科全书·中医眼科学》的副主编，实为中医眼科界之名师大家。

陆南山运用博大精深的中医理论指导实践，又不断地将实践进行分析、总结，升华为理论，从而为弘扬中医眼科学作出了突出的贡献。他的眼科专业知识十分扎实、广博，医疗技术几达炉火纯青的地步。

陆南山在继承中医学过程中，遵古而不泥古，力求有所创新。他不仅医术高明、疗效确切，且思想开放，善于吸收先进事物，是中医眼科界用现代科学方法探索中医现代化的先驱。

他在中医眼科界率先将角膜炎等31种病症不同类型的辨证治疗方案制成计算机软件输入电脑。

1986年，国家中医管理局设立继承老中医的课题——“著名中医陆南山诊治经验的临床及实验研究”，其中有3个分题由上海第二医学院附属仁济医院、上海市红光医院、中国中医研究院广安门医院分别承担。1992年，“著名中医陆南山诊治经验的临床及实验研究”荣获国家中医药管理局科技进步二等奖。

学贯中西　继承发展

陆南山是我国当代著名的中医眼科元老之一，在继承祖传和古人中医药经验的过程中，能做到遵古而不泥古，对各种眼病不断有深层次的探索与思考，对疑难眼病反复推敲，脉因诊治，处方用药，力求在古人识病辨证的基础上有所创新。他运用古代中医眼科五轮学说、八廓学说、内外障等基础理论，结合多年临诊经验，综合分辨患者的眼病，提出的“肝肾立论”、“脾胃论治”及“健脾利湿”等新学说，独具见解。

陆南山不仅医术高明、治病疗效显著，而且思想开放，愿意接受新鲜事物，能洋为中用，善于吸收消化先进的东西。他首先应用现代科学方法研究中医眼科，是我国中医眼科领域里探索中医现代化、中西医结合的先驱。当国外西医的“梅氏眼科学”被翻译成中文出版之后，他是最早的忠实读者之一，并率先将中西医结合方法应用于眼科临床。

陆南山是国内最先使用眼底镜、裂隙灯显微镜等现代科学仪器进行检查、诊断的中医眼科医师。他在 20 世纪 30 年代就用当时的梅氏眼底镜将中医“望诊”深入到眼底，检查中医眼科统称内障病的玻璃体、视网膜、脉络膜、视神经以及眼底血管等各种病变。后来又用当时西方眼科更新的检查仪器如裂隙灯显微镜等检查五轮，如睑缘、结膜、角膜、前房、虹膜、晶状体等眼前节的细微病变，使识病辨证更加精确，从而充实了中医眼科诊断手段，深化和扩大了中医眼科“望、闻、问、切”四诊的功能，使中医眼科理论和现代医学相结合。

陆南山通过自己的临证实践，将中医眼科学的宝贵遗产去芜存菁，继承提高。他将中医学的基础理论如阴阳、五行、四诊、八纲，以及五轮学说等娴熟地与现代医学以及光电诊察仪器相结合，结合自己的心得体会，在临床中深入探索，反复实践，加深和扩展了中医的四诊。是他首先在眼科领域将中医的辨证与西医的辨病相结合，使中医眼科的辨证施治、理法方药具有两种医学理论的依据，从而使眼科的诊断和治疗、辨证和辨病提高到一个新的层次。

早在20世纪三四十年代，陆南山即开始上述研究工作。过去的中医眼科医生用肉眼无法看到眼底，他努力学习并掌握了多种眼科医疗仪器的使用，借助于眼底镜检查眼底局部病变，使中医望诊的手段得到延伸。他根据病变特点，采用中医学基础理论，结合全身体征加以辨证。例如：痰湿凝聚的眼底渗出物、湿浊上乘的视网膜水肿、命门火衰的视网膜水肿以及眼底出血的各种证型。这些辨证方法体现了“洋为中用、古为今用”的理念，丰富了中医眼科辨证论治的内容。

又如：过去用肉眼观察的角膜炎（溃疡）所得的证型范围较窄，他通过角膜显微镜的观察，根据荧光素染色，结合其主要症状来分析形态与性质，然后再根据轻重程度进行辨证。如此不仅扩充了望诊的范围，还使过去肉眼无法看到的病变也能被辨别出来，如阳明灼热的角膜后壁羊脂状沉着物及眼前房水浑浊，从而使辨证范围由过去的约 10 种证型扩展到 31 个病症类型。

对于中心性视网膜炎的辨证问题，陆南山提出，此病的特征是眼底黄斑区水肿，但水肿有多少之分，以及水肿虽已消退而组织细胞功能仍未恢复，或反复发作不易痊愈等不同情况。对于这些不同的局部病症，必须紧密结合全身情况进行辨证后才能对症下药。

陆南山继承发扬中医眼科的模式，已为今天眼科同道们在科学研究、医疗、教学中广为采用。从初诊开始，他便详细记载每一病例的西医检查、诊断和药物使用情况，然后根据中医基础理论，按病因、病机及证型等做出辨证分析，最后立法处方。复诊时详细记录病情变化，随证选方及增减药味均有辨证依据。在眼肌麻痹、单疱病毒性角膜炎、视网膜静脉周围炎、视神经病、青光眼等疑难眼病的诊治上均有较好的疗效。

陆南山借助现代检查仪器得以窥见眼底组织及不同病变的形态改变，在此基础上运用四诊八纲进行辨治。如遇到视网膜中央静脉阻塞的病人，通过眼底镜可见到视网膜水肿、静脉虬丝赤脉与纡曲扩张、沿静脉旁大量火焰状和点片状出血或棉絮状斑，重者黄斑囊样水肿等，对此他结合全身体征予以养阴清热祛瘀法，并配合利水明目药。如患者属阴虚相火浮动，迫血上行，则按元代朱丹溪“相火者阴火也，不可以水湿折之，唯黄柏之属可以降之”之旨，以知柏八味汤加茜草、小蓟等以止血祛瘀。若患者全身正常，则以眼底局部辨证为主，常以凉血活血化瘀之法选方。本病后期出血大部吸收，静脉纡曲扩张亦减，黄斑水肿亦见消退，凉血活血化瘀之药则稍减，酌加养阴益气、滋补肝肾明目之药。又如中心性浆液性视网膜脉络膜病变，属于中医眼科视瞻有色、视大反小、视正反斜的范畴。通过眼底镜可窥见视网膜黄斑水肿及中心凹反光消失，配合阿木斯勒方格表检查可有弯曲变形或暗区，陆南山认为，眼底中心黄斑处以水肿为主，乃脾虚水湿上泛所致，选方以五苓散加味，以资健脾逐湿升阳。

视神经萎缩常造成患者视力严重障碍，伴有视野轻重不等的病理性改变，在中医眼科属视瞻昏渺、青盲范畴。凭借眼底镜可见眼底视神经乳头不同程度的苍白，视网膜血管变细。

全身常伴有精神倦怠，脉虚弱无力，舌质淡红，苔薄白。陆南山依据古籍认为“视神经”为目系，深连于脑，脑为髓之海，应属于肾，肾水不足，则精血枯竭，故形憔悴羸弱，目无所见，宜李东垣之益阴肾气丸改为汤剂煎服，方为：大熟地、怀山药、陈萸肉、茯神、丹皮、福泽泻、柴胡、全当归、北五味、车前子、枸杞子。本病亦有因气血两亏者，治宜气血双补，佐以明目，处方常用党参、炙黄芪、熟地、当归、川芎、白芍药、怀牛膝、枸杞子、炙甘草等。

陆南山提出：由于在检查病人时借助裂隙灯显微镜对五轮的观察更精微，使用眼底镜便能通过瞳仁（瞳孔）见到眼底视网膜、视神经等各组织的异常病变，深化了“望诊”，扩大了辨证论治的范围，并增加了用药前后疗效好坏判断的客观依据。因此他在日常临诊中逐渐形成了关于病因、病机、病位、病症的两套分析方法，两种诊断和两种疗效的判断，促进了识病辨证的发展。

陆南山对眼病具有丰富的医疗经验和独到的见解，他主张中西医结合，应用现代眼科仪器结合中医四诊来诊治病人，运用全身辨证与局部辨证相结合的方法，在诊治眼科疑难杂症方面有独到之处，屡见奇效，积累了十分丰富的临床经验。他根据这些实践结果，在学术上提出了一系列独创理论，又用这些理论反过来指导临床实践，发展了中医眼科，为弘扬中医眼科事业作出了重要的贡献。兹作如下介绍：

一、发展五轮学说，瞳神未必属肾

中医眼科除了基本理论中的阴阳、藏象及经络学说外，还有五轮和八廓学说。陆南山认为，一个中医眼科医生若不明五轮，则如盲马冥行，临诊不会有明确的路径方向。他提出：五轮学说创始于唐代，迄今有千余年历史。虽然期间有不少发展，但限于当时的历史条件，学说的完整性和科学性有待于进一步完善和发展，这是现代眼科医师的重要任务，应把中医学理论和现代科学理论结合起来加以研究作为一种责任。例如传统学说认为“瞳神属肾”，虽然可以用补肾阴的益阴肾气丸来治疗内眼疾病，但不能治疗眼底的所有病变，眼底镜诊察技术为眼底疾病的辨证创造了条件。

陆南山认为，五轮学说并不能完全反映五脏对于眼科的所有作用，例如《灵枢·大惑论》说：“肌肉之精为约束。”据此引申为“胞睑属脾”。这仅反映了“脾主肌肉，肌肉为约束”这一功能，至于脾主运化、脾气生血以及脾主统摄的功能则不能充分反映出来。又如将“血之精为络”引申为“大小眦属心”，其实眼底也有丰富的血络。

二、察病合参“四诊”，诊断基于科学化检查

眼科察病，必须“四诊合参”，对此陆南山有其独特的见解。

《黄帝内经》云：“闻而知之谓之工。”在临

诊时必须详细询问病史，如起病是突发抑或渐发，病程之长短，视力下降程度，以及是否有黑影或盲点，全身状况，家族史等。

陆南山强调，“四诊”中问诊为首。临诊时必详细询问患者的各种情况。为了使问诊全面，他专门编了一首“眼科十问歌”，兹录于下：一问视力二问泪，三问羞明四问眵，五问疼痛六问时，七头八身俱当辨，九问旧病十问因，大小便兮兼饮食，儿痧妇经在何时，阴阳虚实辨分明。

陆南山认为，眼科诊疗中望诊也特别重要，每一个眼科医师只有掌握现代眼科检查方法，方能明确病变情况，作出精确判断。他非常强调两方面的眼科检查：一是利用现代化仪器，包括眼底镜、裂隙灯、视野计、眼压计等常规检查工具；二是使用荧光血管造影检查法、视诱发电位，以及视网膜电流图等详细检查病情。对于眼科血证患者，他还要求做各种生化检查以区别糖尿病、高血压或血液系统等疾病的可能。

陆南山指出，每一个眼科医生都必须掌握现代眼科检查方法，要亲自检查自己的病人，只有这样，才能明确病变情况，从而作出准确判断。他检查时，一般从两方面着手：一方面是根据现代医学的观点明确疾病的性质、病因及严重程度，如对视野缺损的患者，要做精细的平面视野及周边视野检查。如属偏盲则还要求查清盲点形态、绝对盲区、相对盲区及视觉模糊区，以区别是青光眼、视网膜病变抑或视路障碍。另一方面，根据中医理论明确眼病发生及发展过程中的寒热、气血与脏腑间的相互关系。例如，角膜炎及角膜溃疡的形态、色泽、肥浮脆嫩的性质不同，辨证、治疗及预后方面均有很大区别，不可混淆。又如角膜后壁沉着物，有密集分布呈细点状者，也有羊脂状者，房水丁达尔现象，严重者甚至形成前房积脓。

前者可以从痰湿辨证着手，后者应按照“阳明为目下纲”来辨证。注重科学检查，也是陆南山学术思想的基础。

三、立法谨守病机，辨证不尚分型

多年来，许多学者主张“辨证分型”，对某一疾病，要设几个“证型”，每个证型名下列一二张主方。陆南山认为，眼科疾病的治疗，也应“治病必求于本”，要求“审证求因，辨证施治”。但要有“证”有“病”，有按证立方，也有一病专方，绝不能“对号入座”。

陆南山治病必定要探明机理，根据疾病发展的病理过程及病人特定病情，脏腑、气血、痰湿情况作出诊断立法。如角膜炎是分型很复杂的疾病，极不易掌握，他抓住角膜炎是由外邪所引起而逐步入里这一线索，进行辨证治疗。他将此病分为三个阶段，从而以简驭繁。对于“静脉周围炎”眼内出血，他抓住发病者多为青年男性，相火过旺的特点，认为该病的发病因素与相火有关，无论临床证候多复杂，治疗只需从养阴液、清相火着手。“减味阿胶汤”是他为该病所特拟的专方，在病情的各个阶段以此方为基础，根据辨证略作加减，疗效显著。

陆南山认为，这对于初学者无疑是必要的，但若欲入室探秘，似嫌不足，实际上也很难完全符合证型要求。临床上眼科病人有典型证候群者并不多见，尤其是初患眼病者或一些疾病后遗症如视神经萎缩等，有可能是终生的眼疾，但不会有终生的全身性证候群。因此，有些眼病在临床上不能单纯按身体的寒热、气血现象来处理。

陆南山提出，只有明确眼病的发病原因，才能获得“治病必求于本”的效果。例如浅层点状角膜炎，表面看似乎很表浅，但却不易痊愈。此病原因较多，泪液分泌过少，感觉神经功能不佳，结膜炎、结石或倒睫等均会引起本病。如不仔细分析，有针对性地处理，单纯以全身症状去套“证型”，岂非缘木求鱼?

治病应不拘一格，有的眼病数月坚守一方，有的病人则日易一方；有的常予丸剂，有的则以鲜草药煎汤代茶；有的无需服药仅用眼药，有些处方则药少量轻，屡见奇效。究其故，乃切中病机，遣方用药，如将军用兵，故得心应手。

陆南山认为，中医诊疗疾病，强调治病必求其本，要求“审证求因，辨证施治”，不可根据病人的一些表面现象来判断，更不能将一些与眼病无关的其他问题和眼病联系起来。应该探索眼病的致病原因、发病机理，对病情之特性，脏腑、气血、痰湿等情况作出判断。例如，角膜炎是由外邪所致，医生的诊疗思路应该从病邪由角膜表面逐渐入里的这一线索去考虑。病邪以风为主，发病初期为表证，可见风寒表证或风热表证，此时角膜炎多为浅表层，治疗宜解表为主。病重者邪由浅入里渐渐深入角膜实质层，相当于半表半里，可用《伤寒论》和解少阳之法。如少阳未解，入里发展为阳明病，可见角膜后弹力层及内皮层病变，或前方积脓现象，可用《伤寒论》阳明病变类方治疗。整个病程都可有邪盛气虚的情况，应区别气虚、血虚、津亏和血瘀等不同证候，施以不同的处理。医师临证时应抓住本质，不要被众多的证候及变幻的验方而迷惑。

四、明生克谙传变，治未病防未然

陆南山常说："上工治未病，对眼科医生来说尤为重要。"他认为，"治未病"含义有二：一是预防疾病的发生；二是防微杜渐，把可能发生的因素尽量估计在内，制止并发症或兼症的发生。大多数危重眼病的发生，都有一个由轻到重逐渐发展的过程，医生若能明察秋毫，预先采取措施，对疾病的归转预后有着积极的意义。

陆南山以化脓性角膜溃疡（凝脂翳）为例，

指出本病系由细菌引起的一种角膜炎症，一般较凶险，很容易发展成角膜瘘、角膜葡萄肿而致盲。

因此，在本病的处理上应防止发生角膜穿孔或角膜葡萄肿等。即使仅存一小点如“银星独见”，也应采取必要措施，抓紧治疗。他认为，对付该病要及早采取必要措施。特别是那些有角膜稻谷伤或其他异物入目者，最易发展为本病。故不论是否已成本病，皆应先按炎症处理：眼部要彻底清洗，并用消炎眼药水频繁点滴。一旦发现有炎症，哪怕仅是一小点如“银星独见”，也应按角膜溃疡处治，密切注意其变化。

对于另一种眼科急危病症——急性闭角型青光眼，陆南山认为，因发病急剧加重，严重者数日之内即可造成永久性失明，故预防十分重要。他还制订了一整套预防措施：

首先，根据急性青光眼是基于小角膜、前

房浅、房水流通不畅而致病的特点，他规定，对于先天性小角膜、前房浅、房水流通不畅者，无论是否已患青光眼病，一律详告其该病的发病可能及预防措施。他的诊桌上一直放着“预防青光眼注意事项说明书”，凡遇此类病人，皆奉送一份。

其次，对于一些可能引起青光眼并发症的疾病，他强调提早用药预防。例如角膜溃疡病、虹膜睫状体炎要用扩瞳药，防止虹膜粘连；外伤性前房出血，要半卧位，防止瘀血阻滞粘连前房角；对这类病人有青光眼倾向，但眼压仍属正常的高值范围，先予小剂量降低眼压的药物，以促使房水通畅。

陆南山擅治眼科血证，尤其是视网膜出血疾病。本病一般在血止后，视网膜或多或少会遗留一些瘀血，最后形成机化组织，严重地影响视力。他指出，对于眼底出血病，虽然原则上采用清热止血法治疗，但要掌握好分寸，即清热不可过寒；止血不可郁气。寒凉过度，气机阻滞均易造成瘀血留滞不化。

陆南山治血证喜用茜草、蒲黄、藕节、大蓟、小蓟、十灰散等既止血又活血的方药止血。清热则擅用生地黄、茅根、牡丹皮及小剂量黄芩等。另外常酌情加入赤芍、丹参、制大黄、小胡麻等活血化瘀之品。对手术后出血或外伤出血者，常加入少许参三七、苏木等药物。对于无热象的血证，他认为切忌误用寒凉。应用这些方法，止血而消瘀，从而能较好地克服瘀血停滞之弊。

陆南山擅治视神经萎缩，本病多是神经炎、脑外伤、小儿脑炎等病及脑部手术的后遗症。病程长者，增视治疗效果一般较差。对于本病，他自有专方治疗，效果比较满意。尽管如此，他还是提倡预防为主，对于有上述病史者，即使尚未发生视神经盘色泽变淡的视神经萎缩的特征性改变，也提倡及早做电生理检查，提早发现视神经传导能力的改变，及时使用相应的专方治疗。对于视神经炎、小儿脑膜炎及慢性单纯性青光眼的治疗，不论视神经萎缩与否，他的处方中通常在治疗原发病的大队药中会佐用一些视神经萎缩的治疗药物，以起“治未病”之功。

一般而论，治疗原发病即是预防并发症。但陆南山认为，原发病与并发症的关系是相互影响的，兼治并发症对于促进原发病的痊愈也有好处。而且，不少并发症的出现并无明显先兆，有的一旦发现，已经是非常严重而难以获救，故应提早用药，确是经验之谈。

此外，临床所见一种眼病的发展，可由某脏发病，继而引起其他脏兼病。虽然病情始终局限于某一西医疾病范围内，也要根据脏腑生克及传变规律，对易感脏腑预先施治，以提高疗效。

五、除外障逐邪首务，散火兼和气血

《内经》云："瞳子黑眼法于阴，白眼赤脉法于阳。"陆南山认为，眼外障早期多见目赤，多属因火所致，如急性、慢性结膜炎、麦粒肿及巩膜炎等外眼疾病，都属目赤范畴。由于这类疾病为火邪所袭，治疗固然不离寒凉清热，但清法有多种方法，须参照《伤寒论》及温病学说仔细分析病情的进退兼夹，制定周密的治疗方案，方能达到治疗效果。

陆南山认为，一般火邪侵袭眼睛多兼夹风邪，这可能是由于眼睛属于上窍，风性扰上的缘故；至病之后期，由于邪热消烁阴液，还可出现阴分不足之象，也有损气害血者，可有气虚及血络热滞等情况。外障后期，邪热消烁阴液，阴常不足，也有损气伤血者，可见气虚及血络热滞等症状。故对这类疾病的治疗，早期除了清热外，尚须祛风，并注意护阴，宜采取散火疏风佐以养阴生津之法；后期外障者则应注意调和气血，根据具体情况，采用养阴清热、凉血和络、升阳益气等方法。临床应用时，可数法合参。

根据五轮学说，眼睑属脾，白睛属肺，黑睛属肝，两眦属心，瞳仁属肾。陆南山强调，因为各轮病证归属的脏腑不同，故在处方用药时应兼顾药物的归经。

胞睑病可配枳壳、升麻、蔓荆子、荆芥、防风、葛根、羌活等药。

白睛病可配桑枝、桑白皮、薄荷、菊花、桔梗、炒牛蒡子、杏仁、旋覆花等药。

两眦属心则配黄芩、黄连、黑山栀、竹叶心、莲子心等药。

黑睛病可配谷精草、木贼草、白蒺藜、密蒙花、青葙子、蝉衣、钩藤等药。

瞳仁属肾则可配枸杞子、菟丝子、山萸肉、金樱子、女贞子等药。

当然，实际应用时不应拘泥于刻板的划分，

例如结膜炎者常常同时引起胞睑红肿，睑球结膜均充血，甚至角膜表层出现病变。此时肉轮、气轮、风轮均有变化。拟处方时要抓住主要问题，应按照何轮病重，则侧重于该轮治疗，并兼顾其他轮的原则而灵活掌握。

陆南山的眼科学术观点有其独到之处，需要后辈继承与发扬。

六、疗内障寻端委，调理应注重脾胃

陆南山对于金元四大家的学说颇有研究，尤其推崇李东垣的《脾胃论》。他在多年临床工作中体会到：眼病的发生除了由不重视眼卫生外，还有七情五贼以及饥饱劳役之因。足阳明胃经和足太阴脾经均为戊己之土，生生之源，一旦情绪激动（七情），风寒燥湿火之变（五贼）均能伤及阳明、太阴之经。其他尚有饥饱无节制而伤胃，劳累过度而伤脾，脾胃既病，则自然之体，不能生生自然之用。据李东垣《兰室秘藏·眼耳鼻门》中的“诸脉者皆属于目论”云：“夫五脏六腑之精气皆禀受于脾，上贯于目。脾者，诸阴之首也。目者，血脉之宗也。故脾虚则五脏之精气皆失所司，不能归明于目矣。”明确指出了脾胃与眼目的联系。脾胃同属五行之土，土生万物，故脾胃为脏腑之本。脏腑有强弱，能影响人的各个器官。明代张景岳《类经》云：“脾胃为脏腑之本，故上至头，下至足，无所不及。”据此，眼目与脾胃学说休戚相关。

陆南山对许多内眼病的治疗有特色，主要原因在于他对各病病因、病机有清晰的认识，治疗针对性强。他认为，内眼病的致病因素，多数由于五脏功能失调引起，五脏所致眼病，可以一脏独病，也可以数脏同病，其中较为重要的是脾、肾两脏。这是由于脾胃是后天之本、肾是先天之本的缘故。

首先，脾胃两脏的失调，本身就会引起多种疾病。例如：它们有运化水湿、通调水道的功能，如脾气虚或脾阳虚时，则水湿停留。停于胸膈则胸闷呕恶，停于肠则泻，停于肌肤则水肿，停于眼内则房水滞留，眼压升高。脾胃失调，水液代谢障碍，即可能引起青光眼、中心性视网膜炎等水液潴留局部组织的疾病发生。“诸湿肿满，皆属于脾”，适当调理脾肾，可以帮助消除水肿。

再次，其他脏器功能失调所引起的眼病，又容易累及脾肾。例如，由肝火过旺而发生葡萄膜炎病，可引起脾的功能障碍，痰湿凝聚于角膜后壁而形成角膜后壁沉着物，局部水液受阻严重则导致继发性青光眼等。又如各种原因所引起的视神经萎缩均表现为脾肾不足，治疗以调理脾肾为主。

另外，通过益肾实脾也可以辅助治疗因其他脏器失调所引起的眼病，促使病情好转。如各种眼部出血证都可伴有局部组织的轻微水肿，根据《内经》病机十九条“诸湿肿满，皆属于脾”，应在治疗所病脏器的基础上适当佐以调理脾肾的药物，可帮助消除水肿，促进瘀血消除。

一般而论，各种眼内疾病之早期多与脾有关，晚期又责之于肾。所以，充分认识脾在内眼病中的作用，并给予合适的调理，对治疗疾病、预防后遗症的发生有积极意义。陆南山比较强调脾在内眼病中的作用。他的理脾方法有健脾益气、健脾渗湿、健脾化痰、健脾生津、健脾养血、健脾养心、健脾抑肝、健脾补肾、健脾散火等。这些方法来源于内科特别是东垣学说，但具体应用时，不可完全照搬内科的相关学说。不能仅仅认为健脾就是“增进食欲”或是“补益脾气”，应着眼于一个“动”字，即要求促进脾气的运化功能，所谓“补脾即是运脾”便是此意。

陆南山的健脾法常用药：苍术 6g，白术 6g，茯苓 12g。三药合用，剂量偏小，意取其运动脾气的作用。若用量过大，反有壅滞气机之弊。若患者脾气虚弱，可从党参、黄芪、柴胡、升麻、蔓荆子、葛根诸药中选加一二味，剂量均为 3～6g，目的是疏通气机，升提下陷之气，使脾气上升入目。为加强气机的疏通作用，又常常佐入当归、川芎少许。

对于青光眼、中心性视网膜炎等局部组织水湿停滞的疾病，他认为，除加入泽泻、猪苓、楮实子等利水渗湿药物外，可佐以陈皮、桂枝等药促进水液流通。对于角膜后壁沉着物及视网膜有渗出物者，可加入少许化痰药物。对于晚期疾病，因久病入肾，调理方向要转移到以肾为主。

拓展理论　服务临床

陆南山毕生钻研中医眼科学，对中医各家之长和现代医学能兼收并蓄，推陈出新。在几十年的临床工作中，他根据“古为今用”的原则，深入发掘古人成方，结合个人经验，做到师古而不泥古。不论内科成方，还是眼科专方，均遵据证择方原则而用于治疗眼科疾病。经长期临床验证，均取得较好疗效。如《伤寒论》中的白虎汤和吴茱萸汤，前者用于色素膜炎，后者用于急性青光眼所致的头痛、呕吐。又如《原机启微》中的黄连天花粉丸（汤）和《银海指南》中的柏香丸，前者用于慢性结膜炎，后者用于翼状胬肉手术后复发者。他应用经验方退翳散治疗单疱病毒性角膜炎等也获佳效。

陆南山善于化裁古方，扩大古方的应用范围。他在长期的眼科临床实践中积累了丰富的经验，创制了许多经验方，在临床上发挥了较大的作用。特介绍具有学术代表性的6个经验方以及眼科外用药配方，以供后学借鉴、参考。

一、退翳散治疗病毒性树枝状角膜炎

方剂组成：嫩钩藤（后下）9g，蝉衣3g，制香附6g，当归9g，川芎9g，白芍9g。水煎服。具有清热、疏风、退翳之功效。临床上用于主治黑睛患慢性翳障、形似轻度凝脂翳、白睛赤环如带（睫状充血），但流泪刺痛症状尚属轻微者，即西医所谓“病毒性树枝状角膜炎”。方中制香附、当归、川芎、白芍为血分要药，用以行血、活血、止血；佐以钩藤、蝉衣散风退翳。本方系治疗树枝状角膜炎的基本方。临床运用宜随证加减。如热重者，加黑山栀、连翘，大便秘结者可加生大黄；如风重者，可加荆芥、防风等。方中的钩藤对流泪畏光兼有刺激症状者用之颇为相宜。本方系陆南山运用30余年、疗效满意的经验方。

二、通脾泻胃汤加减方治疗角膜溃疡

方剂组成：生石膏（先煎）15g，知母6g，麦冬6g，玄参9g，茺蔚子9g，防风3g，生大黄4.5g，黄芩3g，谷精草9g。水煎服。本方具有清阳明炽热之功效。临床上用于主治胃有郁热，眼眵难开，内生虚肉，眵泪胶凝。此中医所称的“黑睛凝脂翳兼黄液上冲症”，现代医学称“角膜溃疡兼前房积脓”。本方系通脾泻胃汤去天冬加石膏组成，方中用生石膏、知母清阳明热邪为主药，麦冬、玄参、黄芩养阴清热，生大黄润肠通便，茺蔚子、谷精草明目以除目赤翳障，防风疏风清热。若凝脂翳见浮嫩者，则加龙胆草。

陆南山根据《灵枢·经筋》“阳明为目下纲”，以及经络学说中足阳明胃经起于鼻孔两侧经眼内角而入承泣和四白穴，从而推断前房积脓的病因系阳明热盛，方用清热泻火之剂，取“釜底抽薪”之意，腑气相通，炽热随之下降。

三、黄连泻心汤加味治疗外伤性角膜炎

方剂组成：黄连 3g，黄芩 3g，酒制大黄 6g，黑山栀 9g。水煎服。另三七粉（吞服）1.5g。本方具有祛瘀止血之功效。临床用于主治因外伤引起的黑睛为瘀血所贯，视力模糊，畏光流泪疼痛，即西医所谓“外伤性角膜炎”。其病情凶险，“急则治其标”，宜从速止血。本方系黄连泻心汤加黑山栀、三七组成。方中黄连、黄芩清心经之火，大黄祛瘀止血，黑山栀凉血清热，另吞金疮要药三七粉。临床应用时应根据出血时间和患者的体质、年龄的不同而加减。

四、五苓散加味治疗青光眼

方剂组成：生石决明（先煎）15g，白术 9g，苍术 6g，茯苓 12g，猪苓 6g，泽泻 9g，楮实子 9g，桂枝 3g，陈皮 6g，菊花 9g。水煎服。本方具有平肝、健脾、利湿之功效，临床用于主治脾虚水湿上泛于眼内，眼压升高。本症见眼胀头痛，视物模糊或视野缩小，甚则视力丧失，中医谓“瞻视昏渺”、“青盲”等症，现代医学称“慢性单纯性青光眼”。本方系由五苓散加味组成。方中茯苓、猪苓淡渗利水为主药，白术、苍术健脾燥湿，泽泻利水渗湿，桂枝辛温通阳，陈皮、苍术行气燥湿，楮实子、菊花、生石决明清肝明目，平息肝阳。如患者有明显头痛、失眠、心悸、便秘等症，可随症加减。

现代医学认为，青光眼眼内压持续升高系眼内房水循环障碍而无法及时排出所致。陆南山根据中医“水湿溢于皮肤则肿胀，并于大肠则泄泻，水停心下则呕逆，水寒射肺则喘咳”之说，结合西医理论，推断本病为体内水湿上泛于眼内，故其治疗原则取健脾利湿为主，平肝为辅。本方亦可用于中心性视网膜炎、黄斑部渗出水肿等症，疗效满意。

五、减味阿胶汤治疗眼底出血

方剂组成：阿胶（烊冲）9g，炒牛蒡子9g，杏仁6g，炙甘草6g，糯米10g。水煎服。本方具有养阴止血功效，临床用于主治阴虚内热引起的视网膜静脉周围炎眼底出血。症见头昏耳鸣，五心烦热，唇红颧赤，舌红无苔，脉细数。中医谓“暴盲”。本方系陆南山从宋代钱仲阳之补肺阿胶汤（又名阿胶散）减去马兜铃而组成。方中阿胶滋阴养血止血，牛蒡子、杏仁清除肺热，炙甘草、糯米养胃阴。本方虽药仅5味，但确能起到补血止血之功效，对治疗静脉周围炎反复出血效果尚佳。若瘀血多者，可加蒲黄、藕节或其他止血祛瘀药。若体质虚弱者，可加党参、炙黄芪、熟地等。本病多见于青壮年，因反复出血而造成永久性失明，所以对这类眼病的治疗，应加以重视。

六、二陈汤加味治疗黄斑渗出物

方剂组成：云茯苓 12g，制半夏 9g，陈皮 6g，炙甘草 6g，枸杞子 9g，决明子 9g，白菊花 9g。水煎服。本方具有燥湿化痰明目之功效，临床用于消除黄斑出血后的白色渗出物。陆南山认为，渗出物系痰浊凝聚，故以陈皮、半夏燥湿化痰，茯苓健脾利湿，甘草和中补脾，再加枸杞子、决明子、菊花等明目之品。诸药配伍具有燥湿化痰明目之功效。人体的痰湿随气上升，结于眼内，积聚成团状而影响视力，故以燥湿祛痰之法，可使眼底渗出物明显消退。

七、配制外用药治疗外障类眼病

外障类眼病一般以外用药治疗为主，陆南山也擅长于外用眼药的特殊配制法。他认为，外用药之优劣对于眼病的疗效具有决定性的作用，故他对取材配料及炮制要求十分严格，多年来他亲自动手炮制，积累了许多经验，如外用眼药的炉甘石制法、冰片的选择等都有特殊要求。

陆南山所研制的冰香散为纯中药制剂，治疗角膜炎具有疗效持久、停药后不易复发等特点，对治疗黑睛翳障（即角膜云翳或斑翳）及初期白内障也具有较好的疗效。

在此基础上研制的退云散为中西医结合制剂，即将上述的冰香散 10g 与地塞米松 13mg 两药拌匀研细，密封装于玻璃小管内。其适用于后期角膜炎、葡萄膜炎等的治疗。他认为，地塞米松的优点是在消除刺激症状方面疗效迅速。把这两种药放在一起，能起到互相取长补短之作用。

华佗再世　攻难克坚

陆南山是我国著名的中医与中西医结合眼科专家，他致力于中医眼科事业60余年，眼病辨证强调整体观点，推陈出新。他擅治疑难杂症，成功案例不计其数，为后人留下了丰富的诊治经验。这里仅列举他临床治疗疑难疾病的医案点滴。

一、角膜溃疡

如果把眼球比作一架精密照相机，角膜相当于照相机的镜头。如果镜头损坏了，视物就会变得很模糊。透明的角膜位于眼球表面，十分容易发病，因此角膜病变对视力影响很大，现代医学治疗方法有限，特别是对角膜溃疡迄今尚无有效方法。陆南山治疗此病颇有心得。

案例：邢某，女，40 岁，左眼患角膜溃疡 3 个月，曾用多种西药未能奏效，因自觉左眼视力模糊、畏光流泪，于 1974 年 3 月 23 日就诊。经检查，左眼视力眼前手动，白睛混合充血，角膜普遍混浊，尤以后层为甚。角膜中央溃疡，上方凹陷较深，荧光素染色强阳性。

辨证施治要点：左眼白睛赤脉满布，黑睛白翳，翳成深陷。眼睑无力，常欲垂闭，畏光流泪，视物不清。脉细数，苔薄白。患病缠绵不愈，局部用药虽多，仍无疗效。此为脾胃之阳气不升，浊阴之火得以上乘，故翳成陷下而白睛赤脉满布。故仿李东垣培补脾胃，升发阳气，兼泻阴火法治之。拟方药：炙黄芪 12g，党参 9g，苍术 6g，升麻 3g，炙甘草 4.5g，柴胡 3g，羌活 3g，黄芩 3g，川黄连 3g，石膏 12g。上方服 14 剂后自觉左眼较前舒适，刺激症状减轻。复检发现左眼混合充血减轻，呈轻度睫状充血，角膜溃疡面明显改善，荧光素染色呈弱阳性。因睫状充血乃血瘀凝滞所致，故治以健脾益气、活血疏肝、清热明目。再拟方药：党参 9g，炙黄芪 12g，全当归 9g，川芎 3g，制香附 12g，黄芩 3g，石膏 12g，谷精草 12g。连服 15 剂后，左眼睫状充血消失，角膜荧光素染色阴性，留有角膜斑翳，视力进步至 70cm 指数。

二、葡萄膜炎

本病与免疫功能异常有关，陆南山采用标本兼治获得了较大的成功，给后人留下了宝贵的经验。

案例：汪某，男，25 岁，半月前曾发高热、头痛、耳鸣、呕吐，4 天后虽发热消退，但视力下降，经内服地塞米松、肌肉注射维生素等疗效不显，于 1977 年 4 月 5 日就诊。视力检查：右眼 0.6，左眼 0.5。右眼角膜表面清晰，轻度睫状充血。裂隙灯检查：双角膜后壁细点状沉着物密集。双视盘明显充血，边缘模糊，黄斑区未见中心凹反光点，视网膜少量出血。诊断为葡萄膜炎大脑炎综合征（原田病）。

辨证施治要点：从两眼的局部症状结合脉象数软无力、舌质红苔薄白、形体羸瘦、神疲肢软、气逆欲呕的全身证候，以及本例发病初有高热、头痛、耳鸣及呕吐等，脉症互参，认为此乃内热未清、气阴两伤、虚热上炎，故治以清热生津，豁痰止呕。拟方药：竹叶9g，生石膏15g，麦门冬6g，制半夏6g，炙甘草4.5g，党参9g，羚羊角粉0.3g（另吞）。方中麦门冬养阴生津，甘草益胃和中，半夏豁痰止呕，党参补气，加羚羊角粉以增强清热作用。因羚羊角粉用量少，故清热而不伤胃，补虚而不恋邪。服此方25剂，病情显著好转，处方改为以生津为主，佐以气阴双补。由于病人停用激素后病情复发，故又服竹叶石膏汤，加羚羊角粉，局部点退云散。1个月后炎症消失，停止治疗。再观察 3 个月，两眼视力均为 1.5。

三、黄斑病变

黄斑位于视网膜的中心区，是视觉系统最敏感的部位，黄斑病变对中心视力的影响极大，特别是由于视网膜下新生血管所引起的黄斑出血，目前西医尚无有效治疗方法，陆南山在临床中积累了丰富的经验。

案例：金某，男，36 岁，科研工作者，双眼高度近视，左眼视力早已减退，仅右眼能看书，半年以前，右眼视力又下降，视物变形，有明显的中心暗点，已无法看书，病休逾半年，于 1973 年 1 月 16 日来诊。眼部检查：右眼矫正视力 0.05，左眼矫正视力 0.02。眼底检查：右眼黄斑区片状出血，血色鲜红，亦有暗红黑色，左眼视网膜退行性病变。形体衰弱，精神萎顿，脉沉而细数，苔淡白。诊断为高度近视黄斑病变。

辨证施治要点：形瘦神疲，局部眼底黄斑

区出血呈片状，因出血已逾半年之久，故新血宿瘀，凝结不退。正属壮年血盛之期，治宜凉血止血祛瘀，以求先逐其邪，再图扶正。用眼科血证方加减：茺蔚子 9g，小蓟 9g，茜草根 9g，侧柏叶 9g，蒲黄（包煎）9g，甘草 3g，赤芍药 9g，决明子 9g。服用 1 个月后自觉症状大有改善，眼底黄斑区出血明显减退，生理反光已能见到，但宿血尚未全消，再拟凉血祛瘀方：生地黄 15g，丹皮 6g，茜草根 9g，小蓟 9g，蒲黄（包煎）9g，藕节 9g，苏木 6g，茺蔚子 9g，决明子 9g。以上两处方每周交替而服，共服药 70 天，黄斑区出血完全吸收，视力亦进步至 0.6。随访观察 2 年，右眼黄斑区未见出血，视力稳定。

四、中心性视网膜炎

本病表现为黄斑部的渗出与水肿所导致的视物模糊与中心视力下降，慢性迁延性者生活质量下降，西医无良药。

案例：赵某，男，46 岁，右眼视力反复性下降已 6 年，1 个月前又复发，扩张血管药及维生素治疗未愈，于 1976 年 2 月 17 日就诊。经眼部检查，右眼视力 0.5，黄斑区水肿，中心凹反光消失，有少量陈旧性渗出物。诊断为右眼中心性浆液性视网膜脉络膜炎。

辨证施治要点：脉细数，面色无华。脉症互参，虚热无疑。因肾精亏损而阳光独治，则壮火食气而无以生神，故两眼视物昏糊。宜壮水之主，以制阳光，拟杞菊地黄汤治疗。大熟地 15g，怀山药 9g，山茱萸 3g，茯苓 12g，丹皮 6g，泽泻 9g，枸杞子 9g，杭菊花 9g。水煎服，每日 1 剂。3 周后复诊，右眼视力恢复到 1.0，再服 14 剂后改服杞菊地黄丸，每日 9g。1 个月后复查，右眼黄斑区中心凹反光隐约可见，视力恢复到 1.2。陆南山认为，本例为视瞻昏渺证，治以滋阴养神，滋阴则虚火自降，养神则精生目明。

五、视神经病变

此病为常见的眼科疑难性致盲疾病，陆南山在临床中治疗本病具有丰富经验和较佳疗效。

案例：印某，女，52岁，12天前患菌痢及高热，待热退则双眼视力减退，曾用地塞米松、能量合剂、维生素以及妥拉苏林球后注射等20余日疗效不显，视力继续减退，于1975年12月25日就诊。眼部检查：右眼1尺指数，左眼光感。双眼瞳孔对光反应迟钝，视神经盘边缘模糊，黄斑中心凹反光存在。诊断为双眼急性球后视神经炎。

辨证施治要点：十二经脉清阳之气，皆上行头面而走空窍。若脾胃受伤，则脾阳不振而浊阴不降，病邪上攻双目，使双目视物不清。因患眼外表无异常，所以本病属于青盲症。患者形体羸瘦，精神倦怠，懒言无力，纳谷不馨。脉虚弱，舌质淡红，苔薄白。宜先调理脾胃，升发阳气。拟方：蔓荆子9g，升麻3g，葛根

3g，党参 9g，炙黄芪 12g，黄柏 6g，白芍药 9g，炙甘草 4.5g。服两剂后右眼进步至 3 尺指数，左眼手动。继用原方，每日增加氢化可的松 50mg 静脉滴注两周，视力进步，右眼 0.3，左眼 0.4。停用静脉滴注，单纯服中药：炙黄芪 12g，党参 9g，熟地黄 15g，蔓荆子 9g，全当归 9g，升麻 3g，葛根 3g，枸杞子 9g。服上方 12 剂，双眼视力明显进步到 0.7，视盘颞侧色泽略淡，胃纳已佳，脉象转为和缓。患者治愈后随访 1 年 8 个月未复发。本处方采取升清降浊法，党参、黄芪甘温以补脾胃，甘草甘缓而和中，葛根、升麻、蔓荆子升发阳气，白芍药敛阴和血，黄柏泻火而降浊阴，故疗效奇佳。

六、眼神经麻痹

本病现代医学无有效疗法，应用内毒素副作用大，陆南山采用中医药治疗多例获得疗效。

案例：年仅 3 岁的女童邱某，无发热史，左眼上睑下垂一个月，右眼上睑下垂近一周，前来就诊。

辨证施治要点：睑胞（眼睑及眼肌）在脏属脾胃，脾主肌肉，眼睑开合与脾气盛衰息息相关。脾胃虚弱，中气下陷，可致双眼睑胞下垂。治以补中益气、活血通络。处方：炙黄芪 6g，党参 6g，全当归 6g，橘络 3g，丝瓜络 6g，焦冬术 3g，陈皮 1g，升麻 1g，柴胡 1.5g，炙甘草 3g。服药两月余复诊，双眼上睑下垂已痊愈。方中黄芪、党参、焦冬术、炙甘草补气健脾，柴胡、升麻升提清阳，全当归、橘络、丝瓜络活血通络，陈皮理气和胃。因辨证用药切合病机，故收到预期效果。

陆南山在日常的干部保健工作中也兢兢业业，一丝不苟，认真负责。他从 20 世纪 60 年代末起曾为沙千里、韦国清、皮定均、汪道涵等多位党政领导人医治过眼病。陆南山精湛的医术得到了他们的好评，并成为了他们的好友。

慈父良师　精英辈出

陆南山的一家是医学世家，他与夫人吴卿女士育子女 7 人，加上子女的配偶共 14 人，均为大学教授或杏林翘楚，其中有 6 人从业中西医眼科，9 个孙子和 2 个孙女也均成材。在陆南山的培育和影响下，他的后人大都走上医学道路，成为医学与科技精英，为我国医学事业作出了突出贡献。

长子陆道炎：在不可能中创造奇迹

1980 年 3 月的美国洛杉矶城气候宜人，这里正在举行美国第三届人工晶体会议。当一位来自中国的特邀代表作完题为“中国人工晶体的现状”的报告后，赢得了与会代表的热烈掌声。他就是我国白内障手术的开创者——陆道炎。作为第一位站上世界眼科最高学术讲台的大陆学者，陆道炎首先让全世界知道了中国在白内障手术和人工晶体研制与植入方面的成就。

1952 年，陆道炎以优异成绩毕业于上海圣约翰大学医学院，留在上海第二医学院附属新华医院从事眼科临床工作。在 20 世纪五六十年代，对于老年人致盲的首要病症白内障的手术是以囊内摘除术为主，方法有冷冻摘除、硅胶棒摘除、骨炭棒摘除、囊镊法摘除等。尽管手术方法相对较简单，但并发症较多，很多患者往往还是难逃失明厄运。他暗下决心，一定要尽自己之所能改变国内白内障手术的落后状况。

20 世纪 70 年代后期，由于显微手术仪器设备日益更新，显微手术技术不断成熟和普及，传统囊内白内障摘除术很快被现代囊外白内障摘除术所取代。1974 年，陆道炎在资金和设备匮乏的条件下，和他的助手们研制出第一批国产人工晶体。

1980年，他又在国内率先研制成功后房J型人工晶状体，在摘除混浊晶体的同时，又植入人工晶体，为病人解除了术后双眼单视的问题，提高了视觉成像的质量。此后几经改进，他又研制出更加完美的球面等视像后房型人工晶体。经临床应用，这种人工晶体可与美国最新的人工晶体产品相媲美。从20世纪60年代发明冷冻囊内摘除晶体到80年代首次开展现代的囊外摘除术，陆道炎在开创中国白内障手术治疗方面取得了卓越的成绩，为攻克这一致盲疾病提供了国际水平的治疗方法。

在陆南山的指导下，陆道炎还总结了一套中西医结合治疗白内障的方法，并和有关厂商协作设计研制新型的手术器械，连续革新了白内障冷冻摘出器、超声白内障粉碎吸出仪、早期诊断青光眼的电子计算机、显微手术器械等8项共三十多件，还试制成功了亲水性软性角膜接触镜。他采用眼底血管荧光造影新技术在白内障手术中改变切口后缝线，缩短了手术时间，通过开展显微手术技术使白内障手术质量不断提高，并发症进一步减少。陆道炎领衔的“非球面视像后房型人工晶体的研究设计、研制和临床应用”课题获得“一九九〇年国家科技进步二等奖”。

1991年2月，全国白内障及人工晶状体学组在上海成立，由陆道炎担任组长。这标志着我国对白内障摘除及人工晶状体植入手术技术的研究，开始步入有组织的发展轨道。

和许多眼科医学界的先行者一样，陆道炎立志“为病人留住光明”，在“不可能”中创造出了令同行惊叹的奇迹。

在祖父和父亲的熏陶与培育下，陆道炎的儿子陆鸣岗也成为了一名出色的眼科医师，目前他是江苏省人大代表、江苏省眼科学会委员、镇江市眼科专业委员会主任委员、镇江市第四人民医院眼科中心主任。

次子陆道平：学术思想继承与发扬的后来人

陆道平毕业于岭南大学医学院，与他的夫人袁慧丽都是陆南山的学生，也是除了大哥陆道炎外在生活与事业上伴同父亲时间最长的子女了。他专长于青光眼的诊断与手术，医术高明，闻名于周围省市，解决了许多前来就诊的疑难性青光眼患者的痛苦。

陆道平和夫人继承与发扬了父亲的学术思想与临床经验，通过精心钻研，对原发性开角、闭角与继发青光眼的早期诊断和中西医治疗颇有建树。在父亲的指导下，他们对青光眼视功能损害的中西医疗效进行了观察与研究，阐明了对于高眼压症的中医药治疗越早效果也越好的结论，并将有关体会发表在《中华眼科杂志》等著名刊物上。他们还积极参加并完成了陆南山主持的上海市卫生局科研项目《中医药治疗病毒性角膜炎、白内障、中心性浆液性脉络膜视网膜病变》。

2001年，上海中医药大学出版社为沪上名中医出版了《申江医萃续集》，陆道平参编了《眼科名家陆南山学术经验集》。本书系统地归纳总结了陆南山与学生们几十年从医的临床经验与体会，成为后人学习、借鉴的参考。

三子陆道培：骨髓移植的亚洲第一人

陆道培为我国杰出的血液病学家和造血干细胞移植专家，中国工程院院士，1957年起主要从事血液病临床和实验研究，在异基因骨髓移植及中药治疗急性粒细胞性白血病方面作出了具有国际先进水平的贡献。1984年以来，相继被选为中华医学会副会长、血液学会主任委员、中国抗癌协会血液肿瘤专业委员会主任委员和中华器官移植学会副主任委员。1995年当选国际骨髓移植登记组专家指导委员会委员，是中国迄今唯一的一名委员。他担任了国内8

种医学期刊的主编、副主编或编委，以及《骨髓移植》和《血液病治疗》两种国际期刊的编委。

1948 年，17 岁的陆道培以第一名的成绩毕业于上海肇和中学，同年考入国立同济大学医学院。他自幼耳濡目染父亲的医术医德，立志将治病救人视为职业中的最高选择。陆道培自幼喜欢阅读传记，将传记中人物的诚实与勤奋视为楷模，尤其是把传记中的科学家视为毕生追求的榜样。他所考入的同济大学校风严谨，崇尚学术自由。入学一年后他不仅英文更加熟练，还掌握了阅读德文专业书籍的能力，各门课程均阅读德文与英文两种书籍。学校提倡学医要“三多”，即多读书、多思考、多实践，对他的影响至深。由于父亲是中医，兄长是上海圣约翰大学毕业的医学生，所以他对中医和西医都有着浓厚的兴趣，有机会便向他们请教与学习。大学毕业后陆道培被分配到卫生部，后被分配到中央人民医院（现北京大学人民医院）内科工作。

20 世纪 60 年代初，陆道培首先开始应用异基因骨髓输注治疗再生障碍性贫血，并获成功。1964 年，一位重症再生障碍性贫血护士到他那里就医，患者还有一位怀孕的同卵双胞胎。陆道培为这位患者成功地施行了移植手术，在世界上首次安全地应用孕妇做供者并使用最低的供者细胞数获得成功，同时也是第一次在亚洲成功进行的骨髓移植。该患者在 30 年后随访时造血功能仍保持正常。

1981 年，他首次为一名白血病患者成功持久植活其胞兄的异基因骨髓，以后又植活组织配型不同的骨髓，首次成功地完成了血型不合的骨髓移植。在 1985 年获中国科学技术进步奖二等奖（排名第一）。

1996 年，他以国际上成立不久的纽约脐带血库为蓝本，在北京建成了一个公用的脐带血库。由于无血缘脐带血造血干细胞具有冻存后随时可取用，并对配型的要求不严格等优点，从而为改善中国造血干细胞供者缺乏的现状作出了贡献。继而，他在国际上首次成功地把双份脐带血同时移植在一名 95kg 体重的患者身上。

1997 年与 1999 年，陆道培在两次全球学术水平最高的血液学年会上报告了他的多年研究成果，首次证明了纯化的四硫化四砷可以使某些急性白血病长期缓解，这成为会议最引人注目的消息。

1997 年，他被授予何梁何利科学进步奖与陈嘉庚医学奖。1998 年 4 月 22 日下午，第七届陈嘉庚颁奖典礼在花园城市新加坡举行。这是一次隆重的颁奖仪式，礼堂里贵宾和家属满座，出席仪式的还有中国全国人大副委员长周光召等。由新加坡总统黄鼎昌亲自将系有彩带的金质奖章授予同在主席台就座的陆道培。陆道培先是聆听该奖评委对他的评语，再是接受总统颁奖，随后又向主席台上下欢欣的人们鞠躬。这是一个何等隆重、神圣又兴奋的时刻，陆道培深深感受到事业上的成就高于一切，比世界上任何财富与地位更重要。此时此刻，他的脑海中也浮现出父亲微笑和赞许的面容，他的眼睛湿润了，父亲曾经辛勤地养育了他，他也用杰出的医学成就给了父亲最好的回报。

长女陆丽珠：中西医结合的药学专家

1957 年，陆丽珠毕业于北京医学院（现北京大学医学部）药学系。1963 年调至中医研究院（现中国中医科学院）广安门医院药剂科，先后任科副主任、主任，临床药学药物研究室主任，主任药师。曾任广安门医院与中国中医研究院专家委员会委员，中国药学会国际学术交流委员会委员，中国药学会医院药学委员会委员，中国中医药学会中药制剂委员会常务委员，北京中医药学会理事，北京药学会理事，国家职业药师资格考试大纲及应试指南编审委员会委员，国家非处方药遴选专家组专家等职。并曾任《药物不良反应杂志》、《中国医院药学杂志》、《中国新药杂志》、《中国药物警戒》等杂志编委。

1982年，陆丽珠作为国际卫生组织的访问学者，赴美国俄克拉荷马大学药学院工作半年。1985年，作为卫生部临床药学考察团团员赴美国、日本考察临床药学开展情况。1992年被中国药学会推选为会员代表，参加中国科协第四次全国代表大会。1993年起享受国务院政府特殊津贴。1995年先后被评为全国医药系统先进女职工和中央国家机关“巾帼建功”标兵等。

陆丽珠在中药的剂型改革以及中药临床药学研究方面的科研项目曾多次获奖。如“内痔新药消痔灵注射液的研制”为“消痔灵注射疗法治疗三期内痔的临床及实验研究”提供了临床和实验研究用药，该课题于1980年获卫生部甲级成果奖，1985年获国家科学技术进步奖二等奖（排名第二）。

陆丽珠在眼科中医药的研究中也有许多贡献。作为课题副组长的“病毒一号滴眼液治疗单疱病毒性角膜炎的临床及实验研究”，于1991年获国家中医药管理局科技进步二等奖，“外眼一号散的临床及实验研究”于1992年获国家中医药管理局科技进步二等奖。

陆丽珠很重视英语学习，因此她的听力和口语都较好，多次携研究成果参加国内外的学术交流。1992年，她被推选参加中国科协举办的“中日妇女与科学技术学术研讨会”，1993年受特邀赴东京参加国际药学联合会五十三届学术会议，并向医院药学分会作了“中国医院药学”的专题报告，反响甚好。1994年，她在日本第四十五回东洋医学会学术总会第二届国际眼科学术会议上作了“病毒一号滴眼液的临床及实验研究”的报告。1996及1998年，她先后两次赴新加坡参加药学大会及亚洲非处方药市场会议并作报告。2001 年，她担任了印度尼西亚药监局发展传统药物政策项目世界卫生组织短期顾问。同年她被中国药学会推荐为国际药学联合会西太平洋地区药学论坛中国代表，并被选为执行委员会委员至 2005 年。

她与唐由之是为人羡慕的一对学界伉俪，唐由之为中医眼科事业发展作出的巨大成就里也凝聚了她的一份真情与付出。

她回忆说："父亲不仅关心子女们的英语学习，自己也非常努力学习。我在读中学的时候，他就经常要求我把在学校里学到的内容教给他。当我取得好的成绩时，父亲还曾以物质奖赏作为鼓励。改革开放后他所在的仁济医院开展用英语查房活动，他也积极参与，每天下班后都要用录音机练习会话。他那种坚持不懈的学习精神与毅力令我们至今仍难以忘怀。"

二女陆慧珠：毕业于上海复旦大学，曾在

上海大学计算机系任教，目前是美国俄克拉荷马州立大学的计算机科学系终身教授。

陆道政：拳拳赤子心的海外学者

他是陆南山最小的儿子，1961 年毕业于复旦大学物理系，并留校做物理系和计算机系教师，1979～1982 年为美国佛罗里达州立大学信息研究中心兼职副教授，1983～2001 年任美国尼尔逊媒介研究公司高级工程师、主任研究员、总监、副总裁，主管技术评估、研究和开发，负责开发先进的电视收视率数据收集设备，拥有美国发明专利 23 项。2000 年任美国佛罗里达州美华协会会长，2006 年创建美国佛罗里达州天柏地区中华总商会并任第一任会长，2007 年任美国美华投资公司常务董事和美国仁社基金会理事，主管与中国公司合作的项目。他非常关心祖国建设与发展，通过慈善机构立项在中国贫穷的农村地区兴办或扩建小学，迄今已在陕西、山西和安徽等省建立了 7 所小学。

2008年秋，他怀着对父亲的崇敬与怀念之情在陕西建立了“陆南山欣欣小学”。

2009年，陆道政得知《中华中医昆仑》丛书编委会正在为父亲陆南山编著传记而专程返回上海。他怀着对父亲的一片深情，向笔者追忆往事点滴。

在谈到亲情时，他深情地说：“我的父亲非常关爱自己的子女，抗战时期为避战乱，他将我们最小的三个子女送到苏州乡下。他每个月总要抽一个星期天到苏州来看望我们，陪我们一起出去游玩。父亲70多岁时，在家中闲不住，每天风雨无阻地接送孙子上托儿所，种花作画，教孙儿们作画、下象棋、识字读书，其乐融融。”

陆道政还敬佩地谈到，父亲兴趣爱好广泛，会作画与摄影，还学装半导体收音机。父亲通过看书，看线路图，买零件，焊接，终于成功地装响了一台五管半导体收音机。

讲到英语学习，他说：“父亲十分重视并时时教导我们要刻苦学习，英文根底要打深。记得大约在50多年前，我还在初中读书时，父亲曾告诉我他遗憾不能直接阅读英文原版《梅氏眼科学》（当时最先进的西医眼科书），但他还是用中英文对照着来学习。我大哥陆道炎从上海圣约翰大学医学院毕业后，父亲更是经常和他交流。而且更可贵的是，父亲一生中一直在努力学英文，背单词，学口语。1985年他来美探亲，也抓紧机会学英文，孙儿陆文峰的美国同学来我家，他和大家见面时都用英语进行交谈。”

在谈到道德修养方面，他说：“父亲非常注重教育自己的子女，在我大学毕业开始工作时，他就教导我要认真工作，做一个团队中不可缺少的人。他在1985年来美时经常对孙儿陆文峰说，做人要‘知足者常乐’，‘屋宽不如心宽’。父亲从医一生具有极高的医德，在私人开业时就认真看病，帮助穷人，免诊费，赠药，甚至提供住宿，治不好的病一定会退还诊费。”他也感叹道：“父亲在仁济医院的工作十分努力，诊治病人，带徒弟，给学生上课，帮助他们学习掌握中西医眼科的诊疗方法，星期天还常去医院探望病人。我们做子女的都心疼，七八十岁的父亲真是太累了。”

小女陆珊珠：祖国医学震撼了西方世界

陆珊珠毕业于上海第二医学院（现上海交通大学医学院），分配在附属广慈医院内科，后为美国纽约州长岛某地区的针灸医生，早年曾因治愈一位著名滑冰运动员的脚伤而被美国几大报刊登载。父亲陆南山得悉后给他们夫妇写信鼓励，说：“中国人的医德是人人赞美的，凭着我们的医德去治疗病人，我们一定能解除病人的痛苦，我确信无疑。所以我猜想，那位滑冰病人的痊愈，说明珊珠的医术是无可非议的，但医学上的本领也是靠医德的指导思想而后才努力学习的，是吧?”他接着又说：“我还是强调一句老话‘老吾老以及人之老；幼吾幼以及人之幼’，珊珠在二医毕业时我也说过这句话，也就是‘医生与病人，心连心’。”

孙女陆佳，1964年生，毕业于上海第二医科大学六年制儿科系，医学博士，现在新加坡国防医学研究所任战伤救治组主任，从事神经创伤的研究。她回忆说：“祖父很关心孩子们的成长，奶奶做好吃的给爷爷，爷爷就转送给孩子们吃。他家在湖南路住，邻居小孩不爱读书，经常挨父母打骂，他就去劝导孩子的父母要正面引导，果然后来小孩的成绩越来越好了。他一直对孩子们强调英语学习很重要，他教导学生勤笔多思，鼓励后辈要活到老学到老，为下一代人的成长打下良好的基础。”

杏林楷模　桃李满园

陆南山一生遵循“学知不足，业精于勤”的古训，博览群书，有得则录，笔耕不辍。他勤于实践，配制眼药，均亲自动手。他在勤奋的临床工作以外，还为国家培养了许多优秀的医学人才。

陆南山著有《眼科临证录》，收集了60年从医的临床经验，对31个病证的辨证施治方法，经系统整理后输入电脑作为学生教学之用。《中国医学百科全书·中医眼科学》、《眼科临证录》等收载的临证经验，为中医眼科专业领域留下了极为宝贵的财富。

陆南山经常告诫学生们要做一位好医生，

首先要成为一个医德高尚的人。他经常教诲学生：“不能解除病人痛苦，焉能为医?”

他鼓励学生们应不遗余力地研究医术。他通过自己的医学实践总结出这样一段警句：“每一个眼科医师都必须掌握现代眼科检查方法，应亲自检查自己的病人，方能明确病变情况，作出准确判断。”他以此来教育学生多多学习，多多实践。

经过陆南山的多年培育，他的学生人才辈出，造福于四方，其中唐由之就是典型代表之一。

唐由之出生于浙江杭州，16 岁时经其兄唐云之好友石瓢僧人推荐拜陆南山为师，随诊学习中医眼科。时蒙教诲，历时 5 年余，得益颇多。在学习期间，陆老师曾多次教导“病人者乃养生之父母也”，对待病人要像对待自己的父母一样，要和颜悦色，真心实意地关怀。

唐由之在早年临诊学习中，深感陆老师对

中医眼科学造诣之深湛，知识之渊博。更可贵的是，陆老师继承传统中医药能做到遵古而不泥古，对各类眼科疑难杂症均要进行深入思考与探讨，运用中医眼科五轮、八廓、内外障等基础理论，结合临床表现与检查进行综合辨证，经反复推敲后立法拟方，力求良效。

陆老师善于吸收与利用现代科学知识的思想也深深影响着唐由之。北京医学院毕业后，经受过传统中医和现代医学双重教育的唐由之，对传统与现代、中医和西医两方面有了更深刻的理解。他以后的医学生涯就是在这两者之间寻找其融汇点，并在应用现代科学技术继承与发扬传统中医眼科方面作出了突出的贡献，如擅长用中西医结合的方法治疗白内障、视网膜色素变性、糖尿病性视网膜病变等多种眼科疾病。

“金针拨障术”曾是一项古老的治疗白内障的方法，但当时没有解剖知识，没有现代化的医疗技术与仪器，仅凭一些经验，成功率并不高，因此很早就不使用了。唐由之还在学校学习时，就在思考如何重新对它加以发掘提高。在陆南山倡导的“洋为中用”思想的影响下，他将一套现代医学科学方法引入进来，在中医技术结合西医麻醉、消毒、解剖、生理等基础上改进医疗器械，再探讨针拨术的一些并发症的原因。经过多年的研究实验，终于解决了手术的切口部位和术后近期并发症两大难题，使古老的针拨术获得了新的生命力。此后在针拨术的基础上，又发展了针拨套出术，使这项绝技更加完善与辉煌。由于这一方法具有手术时间短、恢复快、痛苦少等优点，在 20 世纪60～80 年代初被广泛应用。他在 1975 年曾应用针拨术为毛泽东主席成功地进行了白内障手术。经他治疗过的众多病人中还有柬埔寨宾努亲王、印度尼西亚总统瓦希德等国内外领导人。

作为一位当代中医眼科与中西医结合眼科

的理论与实践大家，唐由之经常对他的学生讲，他今天所取得的成就与恩师陆南山的培育和指导是分不开的。作为全国中医眼科的学科带头人，他曾主持和协助参与研究了中西医结合治疗视网膜色素变性、糖尿病性视网膜病变、缺血性视乳头病变等多项课题。他所研制的眼前节分析仪不仅使眼科的诊断方法又多了量化标准，而且促使中医的辨证思想向前推进了一步。他的多项成果获得国家和卫生部的奖励，2009年由人力资源和社会保障部、卫生部、国家中医药管理局评选为国医大师。

新中国成立后，沪上名医有“中医三山”之称谓，即中医眼科陆南山、中医骨伤科石筱山、中医内科朱南山。为了继承中医名家经验，在上海市政府的主持下，陆南山于1958年在上海市成都路第二联合诊所开办了上海市中医带徒班，为国家培养了许多中医与中西医结合人才。

陆南山的另一位学生袁慧丽，18岁高中毕业后曾跟随陆南山学徒6年。根据她的回忆，当时上午随诊，下午学习中医理论。陆老师对学生的理论与实践结合非常注重，强调要“古书的方子加入自己的实践”，并经常对学生说：“病人就是你最好的老师。”陆老师在中医眼科诊断上十分重视培养学生望闻问切的基本功，他常教导：望而知之谓之“神”，闻而知之谓之“圣”，问而知之谓之“工”，切而知之谓之“巧”。他在临床治则上要求“病脉相参”，提倡“作为医生不仅要能看好眼科疾病，也要能看好内科疾病”。强调要善于“一方治多病，一病用多方”，“急则治其标，缓则治其本”。他提醒学生们“要好好读书，不要草菅人命，别人治得好的病你要能治，别人治不好的病你也要能治”。他的学术思想是“洋为中用，古为今用，中西结合，去芜存菁”。

在陆老师的指导下，袁慧丽多年来运用祛

风活血通络之法，并以陆老师的经验方“通滞汤”为主要方剂加减，在面神经麻痹与眼肌麻痹的治疗方面取得了良好效果，至今就诊的病人仍络绎不绝，不仅来自国内，还有许多来自于新加坡等国家和地区的海外华人。

陆南山不仅医术精湛，而且业余爱好较广泛，具有很好的艺术修养。他熟读经典著作，酷爱古典文学，也喜欢京剧。他年轻时爱好摄影，且水平很高，比如会用蒙太奇手法将不同的影像组合在一起，晚间常常自己在暗室里冲洗放大相片。早年他是上海南京东路冠龙照相器材店的常客，店员和他就像朋友，见到他一走进店堂，就会高兴地说：“噢，陆先生来了!”诊室里挂着他的摄影作品，如有近期佳作，他就会经常更换。20 世纪 80 年代，他自己还学会制作出高质量的彩色幻灯片。

陆南山性格开朗善良，为人正直仗义，广交朋友。他还喜爱绘画，特别是对中国画情有独钟。40年代初，他通过友人介绍拜著名国画家唐云为师，并成为好友，空余时间经常悉心学习画山水和花鸟，进步很快，作品也曾在展览馆展出过。尤其要提到的是，他在老年以后所画的作品成为儿孙们馈赠国外友人的珍贵礼品。

陆南山的一生是努力学习、刻苦钻研的一生，其动力来自于对病人和对中医事业的挚爱。陆南山对中医眼科的杰出贡献受到了国家的重视，国家“七五”攻关专门立项部级课题“著名中医陆南山诊治经验的临床与实验研究”，由卫生部组织上海第二医学院仁济医院、上海红光医院和中国中医研究院广安门医院三家合作单位对中心性脉络膜视网膜炎、原发性青光眼与眼科外用药进行研究。他在耄耋之年还主持课题，亲自去红光医院为科研观察的病人查房。最终，该课题在他和学生们的共同努力下顺利完成，并获得国家中医药管理局科技进步二等奖。

陆南山人品高尚，80 岁高龄的他在公共汽车上还经常为抱小孩的妇女主动让座。他不慕名利，从来不接受电视台的采访，他的心中装的永远都是病人。他从不休假，把大部分时间都用于医疗，为眼科事业鞠躬尽瘁，赢得了广大人民群众的热爱。80 大寿时，上海市市长汪道涵为他亲自送来了生日蛋糕，这也是对他医学人生的最好褒奖。

陆南山非常钟爱自己所从事的中医眼科事业，直至 1987 年除夕，84 岁高龄的他还坚持在仁济医院的门诊工作及查房，还在操心课题科研用药的供应。就在那天的中午，他还和眼科及中医科的同道们互祝新年快乐，直到他下班踏进自己家门后突发中风，才不得不放下他的眼科工作。陆南山中风后经他工作的上海仁济医院抢救治疗，终因抢救无效，于 1988 年 2 月 6 日与世长辞，永远地离开了他一生所挚爱的中医眼科事业，但他的高尚医德与崇高精神却永远留在了人民大众的心中。唐云先生得悉噩耗后，从原籍杭州紧急赶往上海，参加遗体告别，并亲笔书写挽联："一代名医真国手，满堂儿女继薪传。"

回顾陆南山的一生，可用1985年元旦仁济医院全体同仁赠送给他的一首贺词，作为其光辉一生的鲜明写照：

中西结合称元老，十亿神州尽人晓；
瞽目青盲能复明，仁术济世圣手妙；
寿翁执业六十载，南山老人逐欢笑；
万寿同春可逾百，无疆医德谁与超。

（撰稿人　吴星伟）

《中华中医昆仑》丛书150位医家名录

（按生年排序）

张锡纯	丁甘仁	萧龙友	王朴诚	恽铁樵
曹炳章	冉雪峰	谢　观	施今墨	汪逢春
孔伯华	黄竹斋	吴佩衡	蒲辅周	陈邦贤
李翰卿	李斯炽	姚国美	陆渊雷	张泽生
时逸人	张梦侬	叶橘泉	王聘贤	陈慎吾
邹云翔	赵炳南	承淡安	余无言	刘惠民
岳美中	沈仲圭	秦伯未	赵锡武	韦文贵
程门雪	黄文东	赵心波	董廷瑶	吴考槃
章次公	石筱山	陆南山	张赞臣	李聪甫
刘绍武	陈存仁	朱仁康	陆瘦燕	姜春华
韩百灵	高仲山	李克绍	王鹏飞	刘春圃
金寿山	哈荔田	何世英	周凤梧	干祖望
关幼波	王为兰	任应秋	罗元恺	祝谌予
杨医亚	郭士魁	何时希	耿鉴庭	俞慎初

裘沛然	顾伯华	江育仁	邓铁涛	门纯德
刘渡舟	尚天裕	朱良春	李玉奇	程士德
尚志钧	赵绍琴	董建华	米伯让	李辅仁
张珍玉	班秀文	颜正华	于己百	颜德馨
路志正	方药中	王乐匋	黄星垣	谢海洲
余桂清	何　任	王子瑜	程莘农	陈彤云
焦树德	张作舟	张　琪	李寿山	张镜人
王绵之	方和谦	印会河	王玉川	蔡小荪
李振华	马继兴	王嘉麟	宋祚民	刘弼臣
王雪苔	刘志明	吴咸中	李今庸	任继学
裴学义	王宝恩	周霭祥	贺普仁	唐由之
赵冠英	许润三	金世元	陆广莘	刘柏龄
徐景藩	吉良晨	吴定寰	沈自尹	王孝涛
张灿玾	周仲瑛	强巴赤列	张代钊	李经纬
郭维淮	柴松岩	苏荣扎布	陈可冀	李济仁
夏桂成	郭子光	巴黑·玉素甫	张学文	陈介甫